LB 49.
548.

PRÉCIS

DE CE QUI A ÉTÉ DIT

PAR M. DE MAUBREUIL,

A L'AUDIENCE DU 31 JUILLET 1827,

DANS L'AFFAIRE PAULMIER,

ET ENTIÈREMENT
SUPPRIMÉ PAR LA CENSURE.

PARIS,
DE L'IMPRIMERIE DE GUIRAUDET,
RUE SAINT-HONORÉ, N° 315.

1827.

NOTA.

La censure ayant retranché tout ce que la Cour royale m'a permis de dire sans interruption (séance du 31 juillet 1827), j'ai cru, d'après l'avis de personnes respectables, devoir recourir à la voie de l'impression.

Je joins ici en même temps l'extrait d'une brochure imprimée, et également refusé par la censure à Me Pinet, et je la fais précéder de la lettre de cet avocat qui le prouve.

Conciergerie, 2 août 1827.

DE MAUBREUIL.

PRÉCIS

DE CE QUI A ÉTÉ DIT

PAR M. DE MAUBREUIL,

A L'AUDIENCE DU 31 JUILLET 1827,

DANS L'AFFAIRE PAULMIER,

ET ENTIÈREMENT

SUPPRIMÉ PAR LA CENSURE.

M. de Maubreuil. — Je demande à parler moi-même et à expliquer les faits de la cause.

Le président. — Vous avez un avocat.

M. de Maubreuil. — Lorsque je suis présent, les avocats ne parlent qu'après moi. Si vous ne voulez pas m'entendre, nous allons nous retirer : vous rendrez votre arrêt avec plus de facilité.....

Le président. — Laissez votre avocat s'expliquer ; vous pourrez répliquer ensuite.

M. Pinet (à son client). — Laissez-moi exposer les faits.

M. de Maubreuil. — Non pas cela ! on ne voudrait plus m'écouter ensuite.

M. le président (après quelque hésitation). — Expliquez-vous donc.

M. de Maubreuil. — J'extrairai seulement de la dégoûtante diatribe publiée par Paulmier quelques unes de ses principales impostures. S'il fallait les signaler toutes, ce serait abuser de la patience de la cour. Dès la cinquième ligne se trouve un mensonge.

Lettre de Jules Paulmier, ancien contrôleur-vérificateur des douanes, lieutenant des volontaires royaux, missionnaire du Roi, etc., à MM. les rédacteurs des journaux.

« Monsieur le rédacteur en chef, une indisposi-
« tion, les démarches à faire, les formalités à rem-
« plir pour obtenir un certificat du directeur de
« la Force, qui atteste que je n'y ai pas été voir
« M. de Maubreuil, que je n'ai eu aucuns rapports
« avec lui. »

Aucuns rapports avec moi ! Voyons.

Gazette des Tribunaux du 6 mai 1827.

« M. le président (Dufour) interroge le sieur
« Vallette, concierge de la Force, appelé en té-
« moignage. Il est à sa connaissance qu'un An-
« glais, nommé Caunter, est venu à la prison offrir
« à M. de Maubreuil les services de M. Paulmier,
« et que M. de Maubreuil l'avait très mal reçu.... »

« Paulmier avoue connaître beaucoup M. Caun-
« ter, et lui avoir dit : Je connais bien l'affaire de
« Maubreuil. Je ne voudrais pas être cité comme té-
« moin ; mais si je l'étais, je dirais bien des choses :
« je me tairai par respect pour sa famille et par res-
« pect même pour M. le comte d'Artois. »

Je continue : « ....Victime de mon dévouement

« aux Bourbons, malheureux comme M. de Mau-
« breuil.... »

Voilà la seule vérité qui se trouve dans cette diatribe de Paulmier. Elle lui est sans doute échappée malgré lui. Mais je lui demanderai, à lui Paulmier, pourquoi, si j'étais, en Belgique, aussi moi dévoué aux Bourbons, malheureux, pourquoi il se prêtait complaisamment à me dénoncer selon le besoin d'un Sémallé, du signataire d'ordres Anglès, etc., etc., etc. ? On n'y comprend rien.

Mais continuons :

« Je m'étais borné à écrire à M. Jacquinot Pam-
« pelune que, si on voulait y mêler le nom du
« comte d'Artois, je le priais de recevoir mes dé-
« positions. »

Toujours M. le comte d'Artois ! Tous ces misérables se couvrent sans cesse avec ce nom. Je doute que le comte d'Artois les ait chargés, spécialement chargés, du soin de le défendre.

« Aujourd'hui, sentant le besoin de faire connaî-
« tre la vérité, je prie ce magistrat de me faire en-
« tendre, ainsi que M. le marquis de Castries, co-
« lonel des chasseurs de la garde, le comte de
« Réaux, de l'Aubépin, vicomte Grenier..... »

Toujours les intrigants citent les noms respectables en témoignage, de même qu'ils produisent les certificats de royalisme qu'ils ont pu se procurer de part et d'autre. Et M. l'avocat de Paulmier, M. le président, vient de vous prouver que Paulmier avait aussi ses mains pleines de ces sortes de certificats; mais voyons seulement le premier témoin que Paulmier appelle à son secours, M. de Castries.

Gazette des tribunaux du 6 mai 1827.

« M. de Castries a dit devant le juge d'instruc-
« tion qu'il n'avait jamais entendu M. de Maubreuil
« exposer les projets criminels que Paulmier lui
« attribue... »

Me Pinet montre (même séance, 6 mai 1827)
« que la lettre de ce dernier fait revivre d'ancien-
« nes diffamations consignées dans une brochure
« publiée par M. de Sémallé, qui, pour justifier sa
« conduite à l'égard de M. de Maubreuil, l'accuse
« d'avoir médité l'assassinat de la famille royale... »

Vous avez vu, M. le président, M. de Castries démentant formellement Paulmier. Quant à Sémallé, qu'il cite sans cesse, oh! sur celui-là, il peut y compter, car Paulmier n'est que *son double emploi,* qu'un calomniateur, un dénonciateur secondaire; mais tel est ce Sémallé :

Petit agent des vivres-viandes, il fut envoyé par Vauteaux, homme taré et ruiné, auprès du comte d'Artois, en 1814, du côté de Nanci. Il en obtint un petit pouvoir, de la nature de ceux qu'on donne aux bas mouchards, avec lequel il revint trouver Vauteaux, son chef et son associé. Vauteaux se dit aussitôt intendant provisoire, et Sémallé commissaire du roi de France. C'est à l'aide de ces deux titres, sans doute usurpés par eux, que ces deux hommes ont fait tant de belles choses en 1814, et entre autres trouvé le moyen de s'approprier, de concert avec Vitrolles, l'or et les diamants westphaliens.

Nous n'avons jamais entendu parler au gouvernement provisoire de ce Sémallé, et tout commissaire du roi qu'il se disait, l'évêque d'Autun, qui, seul, parvint à s'approprier le bénéfice de la restauration, et sut en faire une spéculation à son profit, n'aurait peut-être pas permis à Sémallé de communiquer avec sa livrée.

Ainsi ce Sémallé, cité par Paulmier, qui sera à son tour cité par Sémallé, n'est autre qu'un misérable, *recéleur* et *voleur* en 1814, *enleveur* à Bruxelles en 1815, *dénonciateur*, *diffamateur* et *calomniateur* en 1817, et *moteur* de calomnie en 1827, avec le secours du Sr Paulmier, sa *doublure*.

Mais poursuivons la diatribe; écoutons Paulmier lui-même:

« J'étais employé des douanes à Stenay; mon
« dévouement pour les Bourbons, mon royalisme,
« y était si connu, que tous les jours on m'adres-
« sait du monde pour les faire passer en Belgique:
« j'en appelle aux habitants de cette ville, à MM.
« les généraux Bordesoulle, Vitré, et M. le mar-
« quis de Castries... »

M. le président, permettez-moi de faire une fois enfin connaître clairement à la Cour ce qui s'est passé pendant les cent jours : car les événements sont tellement rapprochés et multipliés, qu'à peine y pourrait-on rien comprendre, si ce n'est dit avec clarté. Si la Cour veut connaître la vérité, elle la connaîtra.

M. le président. — Expliquez-vous.

M. de Maubreuil. — Je citerai, par rapport à ma conduite dans les cent jours, ce qui a été dit et publié il y a dix ans, et entre autres par M. Couture, avocat.

La Cour se rappelle peut-être que le roi Louis XVIII, voyant que Napoléon arrivait à Paris, donna l'ordre de ma *mise en liberté* le 18 mars 1815.

Faible et épuisé, je me retirai à Saint-Germain près du comte *Dannés*, me préparant à me rendre dans la Vendée : je fus enlevé le 26 mars par trente-cinq sbires envoyés par Réal, et amené pieds et poings liés à la préfecture de police.

Maintenant je laisse parler M. Couture lui-même. (M. de Maubreuil lit des mémoires et autres pièces.)

« Je citerai, pour preuve de sa résistance pendant les cent jours, certaines lettres qu'il a écrites, dit M. Couture, dans l'un de ses mémoires imprimés. Voici un paragraphe d'une de ces lettres :

6 avril 1815.

« . . . . Vous espérez, M. le préfet,
« faire de moi un saltimbanque judiciaire, et croyez
« me trouver disposé à scandaliser le public aux dé-
« pens des deux gouvernements précédents : vous
« vous trompez, Monsieur. Certes ! j'ai beaucoup
« à m'en plaindre ; mais ils sont malheureux ! cela

« me suffit. Mon rôle est le silence le plus imper-
« turbable; vous n'obtiendrez rien de plus, je vous
« le jure ! Ainsi, abrégez des tourments inutiles, et
« finissez !!. . . . . etc. »

Voici comment s'exprimait ce même M. Couture au sujet de ma résistance pendant les cent jours (séance du 17 avril 1817, police correctionnelle) :

« . . . . On a requis de lui, pendant
« les cent jours, des révélations; que dis-je ! une
« accusation contre une famille si heureusement
« rendue à nos vœux !!.. Son sang s'est révolté!!..
« Promesses, séductions, menaces, je n'ose dire
« plus !!... il n'y a point cédé. Dans cette péril-
« leuse circonstance de sa vie, il a été lui-même,
« il a gardé un silence opiniâtre : ni promesses,
« ni menaces, ni violences, n'ont pu rien gagner
« sur ce cœur originairement altier, fier et incapa-
« ble de se laisser dompter par d'aussi viles ma-
« nœuvres !!. . . . .

. . . .
. . . .

« . . . Je connais Maubreuil, non pas d'aujour-
« d'hui, mais depuis long-temps, ainsi que sa fa-
« mille. Je l'ai suivi pendant trois années : il est
« bon, mais aigri, mais bouleversé par les souf-
« frances !! Je l'ai vu maltraité par des geôliers,
« par des suppôts de toutes couleurs; ses prisons
« étaient des lazarets : peste et malheur à qui lui
« parlait !

« Je l'ai cependant vu toujours indulgent, ré-

1.

« signé, pardonnant le mal qu'on lui faisait, excu-
« sant lui-même les sous-ordres qui, excités en se-
« cret contre lui pour le maltraiter, étaient, en
« apparence, hautement désavoués. . . . .

« . . . .

« . . . . »

Tout ce qu'a dit M. Couture de la manière dont j'ai été torturé sous les Pasquier, les Anglès, les Decazes, etc., n'est rien en comparaison des violences de Réal. Je continue :

« Ma situation, en avril 1815, était telle, que
« je n'attendais plus que l'arrivée de M. de Ch.....
« pour terminer une existence et par trop mal-
« heureuse et par trop insupportable !

. . . .

. . . .

. . . .

« Une corde, une lime, et l'aide d'un brave et
« excellent homme, autrefois attaché à la famille
« de Juigné, garçon de service à la Préfecture,
« me firent recouvrer ma liberté le 18 avril, à trois
« heures du matin. Coulant d'un quatrième étage,
« je devais me casser le cou; la corde n'était point
« assez forte : mon étoile me préserva. J'arrivai
« sans un autre accident que les mains blessées,
« dont je porte encore les marques. J'étais mourant
« alors et sans forces, ce qui fit qu'au lieu de glis-
« ser, comme je devais le faire, en tournant la
« corde autour de la cuisse, je glissai sur les mains
« maladroitement et me les blessai.

« Un généreux ami, le marquis de Brosse, d'ac-
« cord avec Laroche-Jacquelein ; revenu de Béthune
« exprès, m'attendait rue Saint-André-des-Arcs. Il
« me prend dans son cabriolet, et m'emmène à
« vingt lieues de Paris, au château de Rumont.

« Nous savions toutes les avenues gardées, mon
« signalement donné de tous côtés. Le marquis de
« Brosse me témoigna le désir que le malheureux
« Laroche-Jacquelein avait de m'avoir près de lui. Si
« je l'eusse joint, il n'eût point été tué, du moins
« comme il l'a été ! et comme il sera dit un jour !
« victime des trahisons et des combinaisons de po-
« lice de l'infernal Fouché ! qui lui valurent d'être
« abandonné à Saint-Gilles ! par............, aux-
« quels Fouché fit promettre des brevets de lieute-
« nants-généraux, impériaux si Napoléon restait,
« ou royaux si le comte de Lille revenait, à la con-
« dition de ne pas se battre pendant les cent jours.

« Nous partîmes pour Gand avec des déguise-
« ments de marchands de chevaux, déguisements
« qui m'étaient faciles, connaissant tous les mar-
« chands de chevaux de France, ayant été moi-
« même directeur des remontes. Arrivé à Vousiè-
« res, M. de Brosse s'amusa à parler et boire avec
« des marchands de chevaux. Ce courageux jeune
« homme, content de m'arracher du danger, et
« d'avoir pu rendre un si grand service aux Bour-
« bons, de rasade en rasade, avec d'excellent vin
« de Champagne enivra toute la compagnie et un
« peu lui-même. Le marchand de chevaux qui me

« conduisait montait un cheval fougueux : ne pou-
« vant plus le conduire, il se jeta sur le mien ; et,
« d'un coup de pied, me rompit un vaisseau au
« pied gauche, dont j'ai boité pendant plus de
« deux ans.

« Cet accident-là fut pour moi un vrai malheur!
« Je ne pouvais plus marcher qu'avec une béquil-
« le ; je perdais tout mon sang ! Passer les frontiè-
« res en cet état, au travers d'une triple ligne de
« douaniers, lorsque mon signalement était don-
« né de toutes parts, ce n'était pas chose facile.
« Une digne famille, que j'avais obligée autrefois,
« me fit pourtant, dans ce triste état, passer les
« frontières pendant la nuit ; et j'arrivai à Bruxelles.

« Je m'attendais, sinon à de grandes récom-
« penses de la part de Louis XVIII, alors mal-
« heureux, du moins aux réparations que j'avais
« droit d'attendre au moment même, et aux dis-
« tinctions que je pensais avoir méritées par la
« constance avec laquelle j'avais résisté et aux
« promesses et aux menaces de la police des cent
« jours. Je venais d'empêcher qu'il ne fût com-
« promis aux yeux de toute l'Europe : il m'a-
« vait donc de grandes obligations !.... C'était
« la pensée du jeune marquis de Brosse, du
» comte de Réaux, de M. de Laubépin, que nous
« avions rencontrés, et qui, ainsi que moi et le
« marquis de Brosse, voulaient aller servir la cau-
« se royale dans la Vendée ; tous pensaient que
« je serais comblé en arrivant à Gand.

« Mais le sort en ordonna autrement ; et j'as-
« sure désormais que, s'il est une chose qu'on ne
« puisse prévoir, c'est assurément l'étendue de
« l'ingratitude des................

« Louis de la Roche-Jacquelein était parti pour
« l'Angleterre quelques jours avant mon arrivée
« en Belgique ; et, pour comble de malheur !
« Sémallé, le recéleur de diamants, le complice
« de Vitrolles et du comte.......................
« se trouvait à Bruxelles....................

. . . .

. . . .

« Il me trouve blessé, et hors d'état de bou-
« ger, à l'hôtel d'Espagne ; il me fait des pro-
« messes magnifiques ! au nom de Louis XVIII
« et des princes ; m'engage à le suivre à Gand ;
« et, pour mieux me tromper, me promet que
« MM. de Réaux et de Brosse, dont il exalte le
« dévouement, ne me quitteront pas. Au moyen
« d'un prétexte, il écarte, après, le marquis de
« Brosse. Je me laisse porter dans la voiture, moi-
« tié de gré, moitié de force........ Mais qu'aurais-
« je pu faire dans le triste état où j'étais, tout
« extropié ?......... D'ailleurs l'imbécille crédulité
« qui me caractérise, provenant de ce qu'étant
« incapable de dissimuler, jamais je ne soupçonne
« assez la perfidie, me rend souvent victime de
« ma déplorable confiance.............

« . . . .
« . . . i. . . . .

« . . . . »

M. le président, je termine ici les citations qui ont rapport à ma conduite pendant les cent jours, et remercie beaucoup la Cour de m'avoir permis de lui en faire connaître la vérité sur ce point au moins.

Mais à présent, comment est-il possible que M. de Brosse, très royaliste assurément, envoyé pour me sauver par Laroche-Jacquelein, par ce même Louis Laroche-Jacquelein, modèle de tout honneur et de toute fidélité, et allant le trouver, sur sa demande expresse, à Gand; comment est-il possible qu'il ait pu se trouver des scélérats assez bas pour inventer l'atroce calomnie que j'allais à Gand pour tuer le comte d'Artois et le duc de Berry, et un Paulmier, enfin, pour affirmer de telles faussetés et absurdités.

Ce même Louis Laroche-Jacquelein, s'il vivait, serait bien surpris de voir de quelle manière on m'a tenu compte à Gand de ma constance et de ma courageuse résistance pendant les cent jours. Assurément, sans elle, les Sémallé, les Geslin, les Vauteaux, les Vitrolles, etc., eussent pour le moins tous été condamnés aux galères.

M. le président, permettez-moi de citer encore le passage suivant d'une brochure anglaise, de M. Edouard Jerningham, très connu à la cour d'Artwel et à celle des Tuileries par son dévouement pour les Bourbons, parce qu'elle fait aussi connaître tout ce qu'a pu le traître Fouché pendant les cent jours; partout où il y a des traitres, il n'y a plus rien d'impossible:

« Dans des vues aussi criminelles, les efforts
« des Vendéens furent artificieusement paralysés;
« mais ce peuple, dont les efforts indomptables
« dans la cause de la religion, de la liberté et de
« l'honneur, passeront jusqu'à la postérité la plus
« reculée, sera à jamais célébré, comme les *ultimi*
« *Romanorum* des Français.

« Les Vendéens, après avoir perdu sur le
« champ de bataille leur *vaillant chef Louis*
« *de Laroche-Jacquelein, ce héros qu'aucun*
« *intérêt ne put gagner, qu'aucun danger ne*
« *put décourager et qu'aucun art ne put sédui-*
« *re*, furent dupes d'un homme dont le nom seul
« peut faire pâlir un meurtrier, et qui, au dégoût
« et à l'horreur du monde chrétien, devint bien-
« tôt après ministre du Roi très chrétien. »

M. le président, je ne citerai rien de plus par rapport à la brochure de Paulmier, si ce n'est cependant le passage contre les douanes, dont il a été chassé; et le voici :

« Je sais, par exemple, que MM. les chefs des
« douanes m'ont toujours fait passer dans cette ad-
« ministration pour celui de S. A. R. Monsieur,
« qu'ils n'aimaient point; que partout ils me fai-
« saient annoncer pour être mouchard, les uniques
« causes de ma destitution, ainsi que mon roya-
« lisme et mon dévouement incorruptible aux Bour-
« bons; mais ceci sera l'objet d'un procès où je

« démasquerai tous ces hommes qui occupent des
« sinécures de 50,100 et 150 mille fr. ; des douze,
« quinze et vingt commis, lorsqu'ils pourraient faire
« avec un. Ce sont les hommes qu'il faut à M.
« Villèle. Voilà, M. le rédacteur, tout ce que je
« me fais fort de prouver, et que vous aurez sans
« doute la bonté d'insérer dans votre journal. »

Dans cette brochure, *six fois* Paulmier se reconnaît mouchard ou *chargé de missions :* il a été regardé par toutes les douanes pour un *mouchard ;* il a été chassé de l'administration des postes, et, de son aveu, regardé là comme un mouchard; son occupation quotidienne était de dénoncer ses camarades, ainsi que je l'ai vu dans son affreux libelle contre M. de Saint-Cricq. Et cet homme se plaint que je l'aie appelé mouchard *des deux côtés !* Non seulement je peux dire des *deux côtés* dans les cent jours, mais l'on peut dire *de tous les côtés* depuis lors.

Au surplus, toujours la même tactique a lieu vis-à-vis de moi : paralyser ma défense, et lancer des misérables, armés de calomnies et de faux témoignages, pour enlever l'opinion publique, en trompant la nation !!...

Voilà trois plaintes portées par moi contre
1º le libraire Laforest, et l'imprimeur de la diatribe répandue à domicile;

2º Contre un misérable appelé Beautier, se disant avocat, envoyé par la police pour voler mes papiers;

3º Contre Anglès, signataire d'ordres, et le plus cruel de tous, lequel, au lieu de venir se disculper des accusations portées contre lui, et de paraître lorsqu'il est cité, s'amuse à imprimer des mensonges aussi bêtes que dégoûtants, avec l'aide de Michault et de son journal, dont les colonnes sont toujours ouvertes aux amateurs de diffamations contre moi.

Eh bien, ces plaintes ont été mises de côté, et l'on a eu l'impudence de déclarer « qu'il n'y avait lieu à suivre ». La même tactique que par le passé !

Je vais porter plainte contre ce petit gueusard de Sémallé, à l'occasion de sa lettre et des infâmes impostures qu'elle contient; mais cette fois je me garderai bien de la faire adresser au procureur du roi, afin qu'il ne puisse faire statuer qu'il n'y a *lieu à suivre*, etc., etc. : elle sera portée par assignation.

La vérité est, M. le président, et je l'ai dit dès le commencement, séance du 24 février..., que sous ce gouvernement-ci il m'est impossible d'obtenir la moindre justice : il faudrait un changement de choses pour plaider une telle cause.

J'engage même ma famille à bien se pénétrer de cette vérité, qu'il n'y a rien à faire pour le présent. Avec la censure, il serait même dangereux, dans notre intérêt, de nous exposer à ce qu'on me fît dire, comme cela arrive, ce que je ne dis pas, en niant ce que je dis, etc., etc.

Plus tard, fût-ce dans vingt ans, mes frères feront reviser ce procès : et c'est alors que la mémoire de mes oppresseurs et de leurs adhérents sera flétrie ; que peut-être ma famille obtiendra réparation pour tous les épouvantables malheurs que j'ai éprouvés pour n'avoir pas voulu consentir, comme l'a dit encore et imprimé M. Couture, « à reparaître couvert du sang que l'on m'avait demandé... » Voilà, M. le président, le mémoire de M. Dasies, signé Couture : il est inutile de vous le lire.

Je termine, M. le président, en remerciant encore une fois la Cour de la bonté qu'elle a eue de vouloir m'entendre, bien que la censure rendra probablement cette même bonté stérile et improductive.

M. Paulmier. — Je demande à répondre à tout ce qu'a dit M. de Maubreuil.

M. le président. — Votre cause est entendue ; laissez parler les avocats.

M. Pinet. . . . .

Certifié véritable le présent extrait de la séance du 31 juillet, supprimé par la censure,

DE MAUBREUIL.

LETTRE

DE Me PINET A M. DE MAUBREUIL.

Monsieur,

J'ai rédigé cette note sur le touchant écrit de l'auteur anonyme que vos souffrances ont ému. Pleins du désir de vous être utiles, les rédacteurs du *Courrier des Tribunaux*, journal auquel je n'ai d'ailleurs point l'honneur de concourir, l'avaient accueillie avec empressement. La censure n'a pas cru devoir en permettre l'insertion.

Je suis bien attristé, monsieur, de n'avoir pu vous procurer cette légère et innocente consolation.

J'ai l'honneur, monsieur, de vous saluer, etc.

PINET, *avocat.*

RÉFLEXIONS

D'UN ÉTRANGER

SUR L'AFFAIRE DITE DE MAUBREUIL.

Tel est le titre d'une brochure que nous avons sous les yeux, et dont voici l'épigraphe :

« J'ai porté mon esprit à considérer les oppressions qui se font sous le soleil, les larmes de ceux qui les souffrent et qui n'ont personne pour les consoler, et l'impuissance où ils sont de résister à la violence, étant abandonnés de tout secours. » (*Ecclesiaste*, chap. 4, d. 1.)

Après ce texte plein de douceur, l'auteur poursuit d'un ton qui n'est pas moins doux :

« Me trouvant dans une profonde solitude, j'ai lu attentivement ce qu'on a écrit sur ce qu'on appelle l'affaire Maubreuil. Je me permettrai de l'appeler l'affaire de..... et de.....; et je dis aux rigides censeurs de la conduite de Maubreuil, à ceux qui le condamnent impitoyablement : Savez-vous de quoi vous parlez ? à ceux qui traitent d'impardonnables torts les vivacités, les écarts, les expressions, le langage enfin que l'on réprouve quand on est de sang-froid : Savez-vous de qui vous parlez? »

Ailleurs on remarque ce passage : « L'opinion se prononce sur cette affaire. L'arrêt de la cour royale du 11 mai 1827 nous laisse apercevoir que le grand jour des révélations est enfin arrivé : car, soit que les témoins assignés comparaissent ou qu'ils refusent de dire la vérité en présence du public, la vérité ne peut plus long-temps rester inconnue; et, lorsqu'elle sera dégagée des nuages, que dira-t-on des quarante-cinq arrêtés, décisions, pourvois, ordonnances? des six cent quatre-vingt-cinq jours de secret? des six mises en liberté? des trois évasions? des dix arrestations.....? de la perte de sa réputation, à laquelle il attache encore du prix, quoiqu'il n'en attache aucun à la vie, qui ne lui a été conservée que par miracle? Et quelle vie...!

Cet écrit fort court se termine en ces mots : « Egoïstes et exclusifs, qui n'êtes touchés que de vos intérêts particuliers, qui supposez une intention secrète dans toute démarche de ce genre, qui croyez que, pour prendre la plume, il faut que le plaisir ou le profit soit placé en présence de l'écrivain, sachez maintenant, car j'en atteste le Ciel, que je ne suis ni parent, ni allié, ni ami, ni compatriote même de M. de Maubreuil. J'aime la France et sa gloire. Le trône de saint Louis mérite les hommages de toutes les nations. Vive le Roi! »

Quel est-il donc l'auteur? Il se dit vivant dans la

solitude : son urbanité est du monde le plus poli. Il se dit étranger : la pureté de son langage ne permet guère qu'on le croie. Il ne s'explique pas sur son sexe : la douceur achevée, la tendre compassion qui pénètre dans ses discours, font penser qu'il appartient à ce sexe occupé surtout de consoler et secourir ; le sentiment religieux, sans nuire à la douceur, ajoute une certaine force à ses paroles. L'humanité zélée a sa noble et mystérieuse pudeur, qu'on ne doit pas contrister par un regard indiscret.

Tout ce que nous pouvons dire, c'est que la religion, l'humanité, la belle éducation et le goût ont présidé à la rédaction de cet écrit, qui ne se vend pas, mais qui se donne.

NOTA.

Pendant l'impression de cette séance du 31 juillet, j'ai reçu la lettre suivante, écrite par une personne douée de beaucoup de mérite, de vertu et de piété. En faisant imprimer sa lettre, mon intention est de la convaincre et de ma haute estime et de tout le cas que je fais de ses judicieuses observations.

De Maubreuil.

Ce 3 août 1827.

Monsieur,

On m'a rendu compte de la séance du 31 juillet. Deux choses m'ont frappé, le calme et la clarté avec lesquels vous vous êtes exprimé.

Je vous félicite d'avoir ainsi répondu à ceux qui se persuadent que vous n'êtes pas maître de vous-même. L'exaspération et la colère seraient pardonnables dans votre position, puisqu'il m'est clairement démontré qu'en *tout* et *toujours* on cherche à vous pousser au désespoir. Vos ennemis verront avec rage que leurs efforts vous trouvent supérieur à leurs coupables manœuvres.

Le langage que vous avez tenu démontre encore *à qui n'a pas besoin de vous trouver coupable* combien vous fut toujours étrangère l'affreuse pensée de commettre un crime dont l'accusation se renouvelle contre vous chaque fois que vos instances pour obtenir justice viennent réduire les hommes qui vous persécutent à la nécessité de *fausser* l'opinion publique. Cette accusation d'avoir voulu tuer le comte d'Artois et le duc de Berri en Belgique, alors que vous étiez blessé, et ne pouvant bouger qu'avec l'aide d'une béquille, est le comble de l'absurdité ; mais le salut de vos ennemis demande qu'une oreille auguste soit fermée à vos plaintes. Cette accusation pourrait être *ailleurs* et en *d'autres temps* discutée sérieusement ; et une imputation de cette nature est trop dénuée de vraisemblance pour ne pas se changer en preuve éclatante non seulement de votre innocence, mais encore qu'au fond de cette triste affaire il se cache plus d'un personnage dont la turpitude ne peut rester inconnue qu'autant que les premières règles du droit naturel seront violées à votre égard.

Si vos mains eussent été avides de sang, et votre ambition de richesses, vous pouviez, et avec moins de danger, satisfaire ces deux penchants par l'accomplissement de la mission qui vous fut donnée en 1814. Le père vous a échappé ! disent-ils, le fils du moins fut à votre merci !........ En faut-il davantage pour faire comprendre combien sont à plaindre ceux qui malheureusement pour vous ne peuvent se justifier qu'en vous calomniant.

Cette mission même que l'on ose mettre en avant, pour avoir occasion de vous calomnier, de vous accuser, et vous reprocher même de n'avoir pas voulu la remplir, surtout à l'égard d'un enfant ! est pour moi une preuve incontestable, convaincante, que vous êtes incapable d'avoir dit et pensé ce que tant de gens compromis s'efforcent de répandre ; et leur bassesse, qu'il est difficile de caractériser, suffit pour vous justifier aux yeux de ceux qui n'ont pas d'intérêt à vous trouver coupable.

La politique, dit-on, voulait qu'on vous tuât, ou que, vous laissant vivre, on vous traitât comme vous l'avez été, afin d'ôter tout crédit à vos assertions ; mais ce sont là de ces sortes de combinaisons atroces que réprouvent tous les honnêtes gens; et qui, tôt ou tard, couvrent de honte ceux qui les adoptent.

Aussi long-temps que vos ennemis n'inventeront que de pareilles fables, et ne se justifieront que par de tels arguments, vous trouverez des consolations auprès des gens de bonne foi. Ceux-ci, frappés de l'absurdité des accusations, feront plus que les mépriser : ils y verront une excuse pour la violence à laquelle vous vous êtes porté.

En rigoureuse justice, on prétend que six jours de prison devraient être la suite du soufflet, pour empêcher qu'on ne se fît justice soi-même : car vous voyez que rien n'est plus contagieux que l'exemple, puisque plusieurs témoins ont été condamnés à l'amende pour avoir voulu imiter ceux que vous avez fait assigner, et qui ont trouvé bon de se dispenser de comparaître. Mais comme vous faites toujours exception à toutes les règles ! vous êtes payé pour craindre que le soufflet ne vous attire plus d'années de prison qu'on ne donnerait de jours à qui que ce soit, vous excepté. Encore m'assure-t-on que vous avez plutôt flétri que frappé la joue de M. de Talleyrand. Etait-ce une vengeance ? En vérité, celle-là venait à la suite de provocations si graves, qu'elle me paraît bien douce; et quand même votre adversaire, rappelant à son esprit les préceptes de son premier maître, vous eût tendu l'autre joue, la réparation n'eût été encore que très mal proportionnée à l'offense.

Aussi est-il évident pour tous que, songeant peu au corps débile de l'être qui, n'ayant pu vous séduire, a tout fait pour vous perdre, vous n'avez voulu que le traîner devant les tribunaux, et réveiller la conscience publique, qu'il était parvenu à endormir à force d'artifices.

Y parviendrez-vous ? Votre fermeté luttera-t-elle

avec succès contre l'adresse d'un homme qui, ayant assisté à la chute de tant de gouvernements, a su rester debout à côté de leurs ruines ? En vérité, je n'ose le croire lorsque j'aperçois parmi les grands-officiers du meilleur des princes l'homme qui a souillé un sacrement par la profanation d'un autre sacrement ! Je désespère de la puissance de la vérité.

Une merveille digne de remarque et qui n'a pas d'exemple, c'est un grand seigneur souffleté et un évêque marié à la Cour. L'esprit de cet homme comme sa puissance me sont démontrés par cette existence même ; et alors tous vos malheurs ne sont plus un problème. La vraie justice ne perdant jamais ses droits, tôt ou tard chacun sera traité comme il doit l'être, et le Ciel ne sera pas toujours sourd aux cris de l'opprimé.

J'ai l'honneur, etc.

Signé ****.

FIN.

www.ingramcontent.com/pod-product-compliance
Lightning Source LLC
Chambersburg PA
CBHW070526050426
42451CB00013B/2873